Impressum
Verlag: BABADADA GmbH, Nedderfeld 112 , 22529 Hamburg
Geschäftsführer / Verlagsleitung: Harald Hof
Druck: Books on Demand GmbH, In de Tarpen 42, 22848 Norderstedt

Imprint
Publisher: BABADADA GmbH, Nedderfeld 112 , 22529 Hamburg, Germany
Managing Director / Publishing direction: Harald Hof
Print: Books on Demand GmbH, In de Tarpen 42, 22848 Norderstedt

sekoly
school

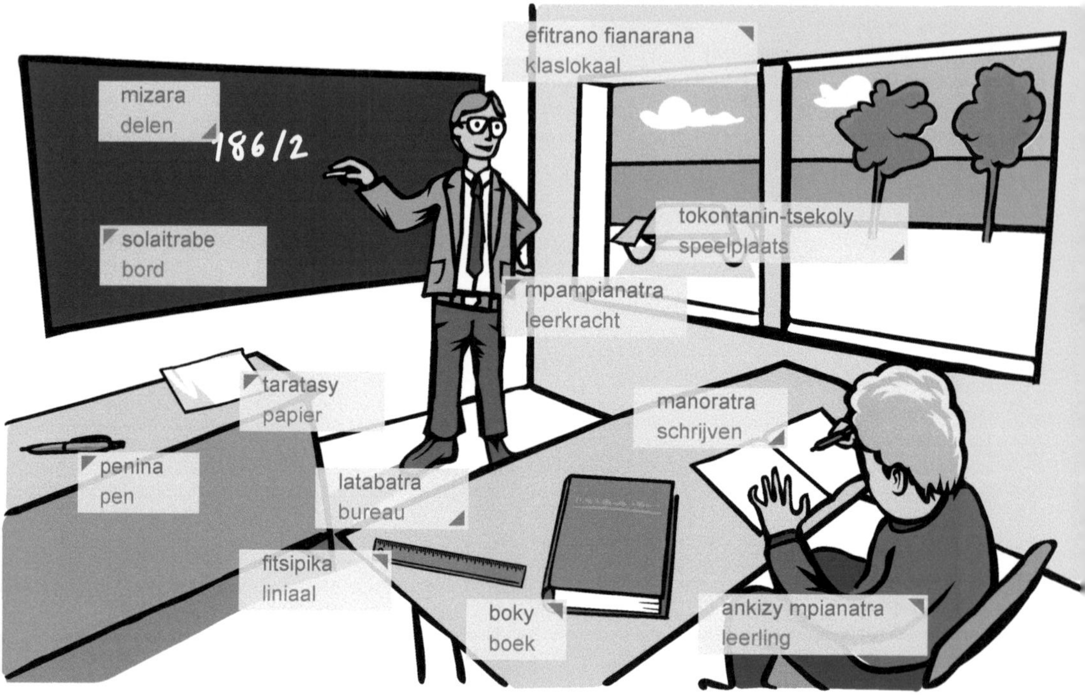
efitrano fianarana
klaslokaal
mizara
delen
186/2
solaitrabe
bord
tokontanin-tsekoly
speelplaats
mpampianatra
leerkracht
taratasy
papier
manoratra
schrijven
penina
pen
latabatra
bureau
fitsipika
liniaal
boky
boek
ankizy mpianatra
leerling

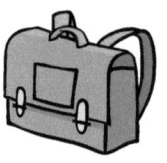

kitapo
schooltas

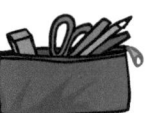

torosy
pennenzak

pensilihazo
potlood

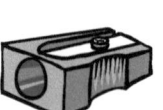

fandrangitana pensilihazo
puntenslijper

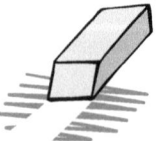

gaoma
gom

karne fanaovana sary
tekenblok

sary

tekening

borosy fandokoana

verfborstel

boaty loko

verfdoos

hety

schaar

lakaoly

lijm

kahie fampiasàna

werkboek

enti-mody

huiswerk

12

tarehi-marika

nummer

2+2

manampy

optellen

5-2

manala

aftrekken

2×2

mampitombo

vermenigvuldigen

mikajy

rekenen

A

taratasy

letter

ABCDEFG HIJKLMN OPQRSTU VWXYZ

abidia

alfabet

hello

teny

woord

lahatsoratra

tekst

mamaky

Lezen

tsaoka

krijt

lesona

les

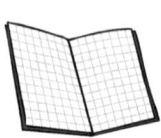

boky fianarana

klassenboek

fanadinana

examen

sertifikà

certificaat

fanamian'ny mpianatra

schooluniform

fiofanana

onderwijs

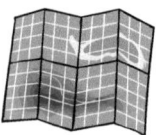

raki-pahalalana

encyclopedie

oniversite

universiteit

mikraoskaopy

microscoop

sarintany

kaart

fanariana fako taratasy

papiermand

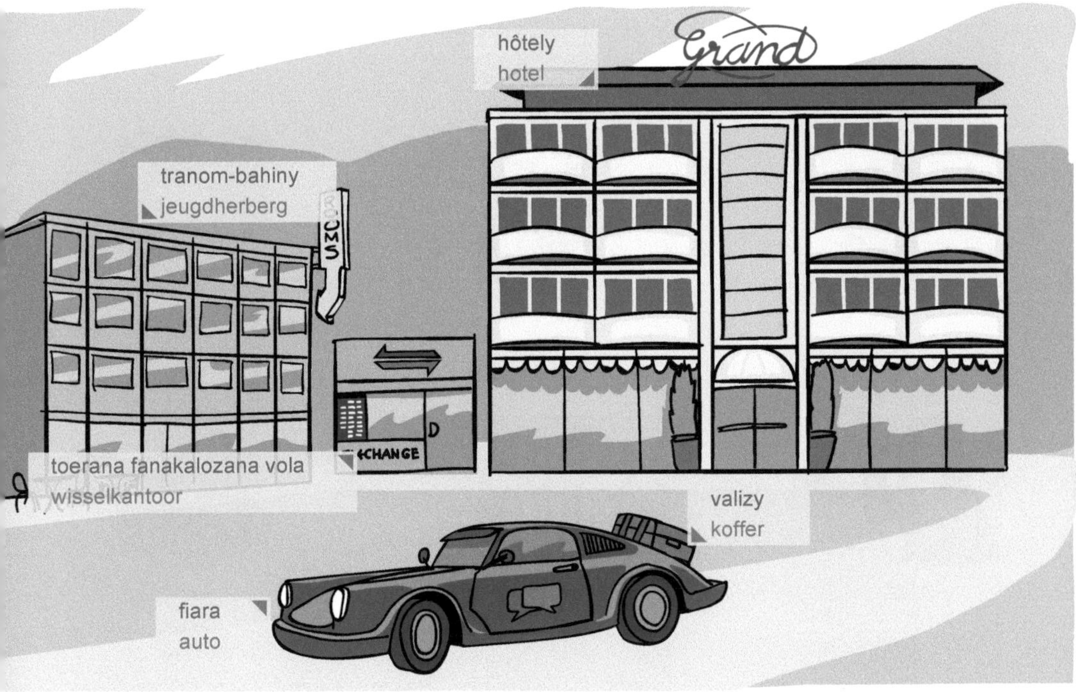

hôtely
hotel
Grand
tranom-bahiny
jeugdherberg
ROOMS
EXCHANGE
toerana fanakalozana vola
wisselkantoor
valizy
koffer
fiara
auto

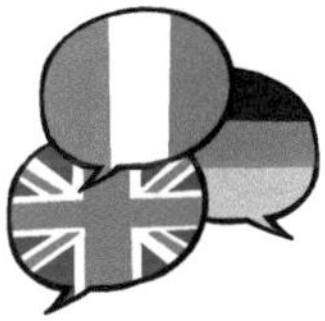

fiteny
Taal

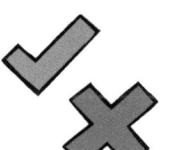

eny / tsia
ja / nee

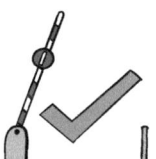

Eny àry
oké

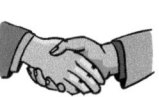

salama
hallo

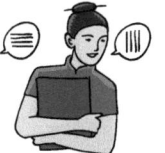

mpandika teny
vertaler

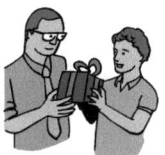

Misaotra
bedankt

ohatrinona…?

Hoeveel kost …?

Tsy azoko izany

Ik begrijp het niet

olana

probleem

Salama ô!

Goedenavond!

Arahaba tra-maraina e!

Goedemorgen!

Tsara mandry ô!

Goedenavond!

veloma

Tot ziens

fitantanana

richting

entan'ny mpandeha

bagage

harona

zak

kitapo

rugzak

vahiny

gast

efitrano

kamer

fandriana enti-tànana

slaapzak

tanty

tent

birao miandraikitra ny fizahantany

toeristeninformatie

moron-tsiraka

strand

fahana amin'ny karatra

kredietkaart

sakafo maraina

ontbijt

sakafo atoandro

lunch

sakafo hariva

avondeten

tapakila

ticket

ascenseur

lift

hajia

postzegel

tany manasaraka

grens

fadin-tseranana

douane

ambasady

ambassade

visa

visum

pasipaoro

paspoort

fitaterana

transport

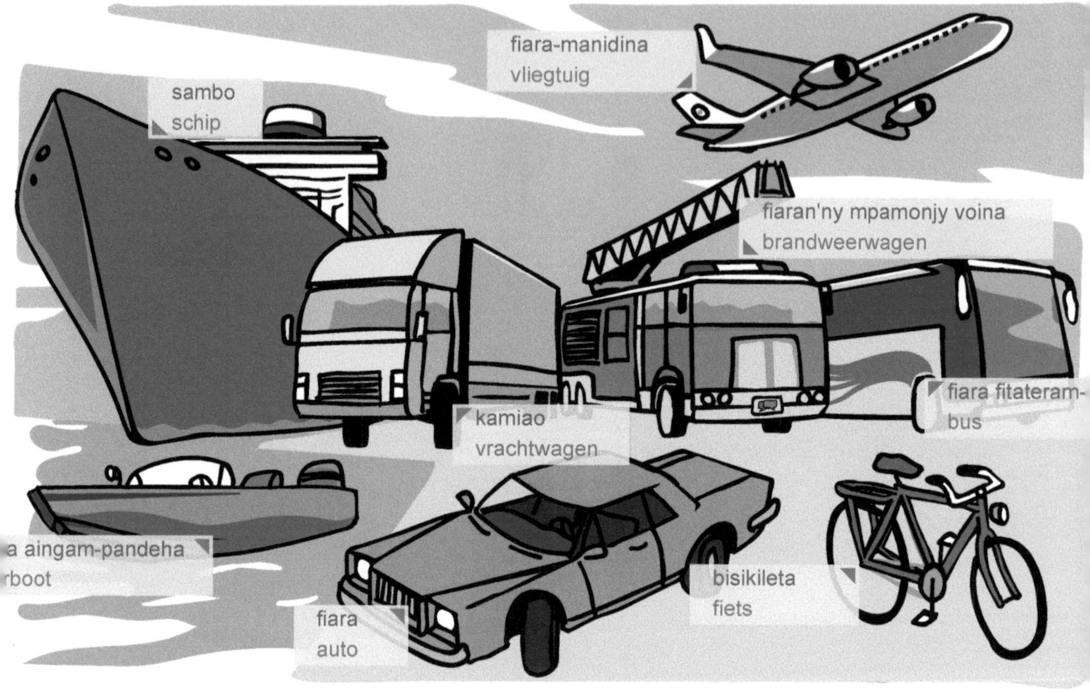

fiara-manidina
vliegtuig
sambo
schip
fiaran'ny mpamonjy voina
brandweerwagen
fiara fitateram-
bus
kamiao
vrachtwagen
a aingam-pandeha
rboot
bisikileta
fiets
fiara
auto

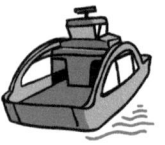

sambobe

veerboot

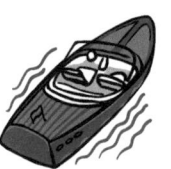

sambo

boot

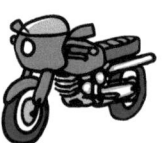

môtô

motor

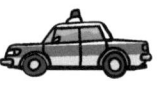

fiaran'ny polisy

politiewagen

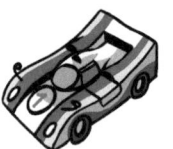

fiara mpihazakazaka

racewagen

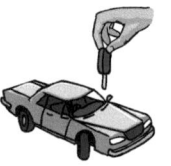

fiara fanofa

huurauto

zara fiara

carpoolen

fiara etsy babeko

sleepwagen

fiara mpitatitra fako

vuilniswagen

môtera

motor

solika

benzine

tobin-tsolika

benzinestation

tondro fifamoivoizana

verkeersbord

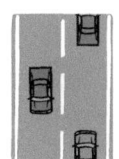

fifamoivoizana

verkeer

fitohanan'ny fifamoivoizana

file

fitobian'ny fiara

parkeerplaats

fiantsonan'ny fiaran-
dalamby

station

lalamby

sporen

fiaran-dalamby

trein

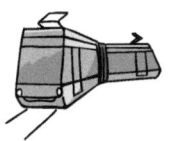

tramway

tram

kalesy

wagon

angidimby

helikopter

seranam-piaramanidina

luchthaven

tilikambo

toren

mpandeha

passagier

kaontenera

container

baoritra

karton

chariot

kar

harona

mand

miainga / midina

opstijgen / landen

renivohitra

stad

ambanivohitra

dorp

afovoan-tanàna

stadscentrum

trano

huis

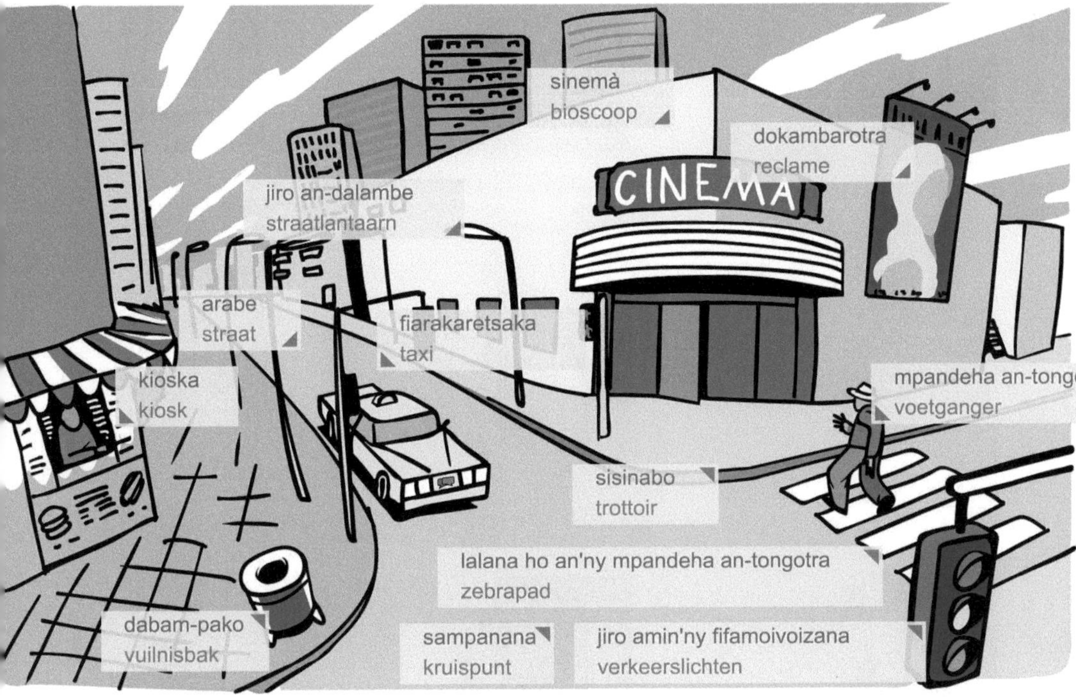

sinemà
bioscoop

dokambarotra
reclame

jiro an-dalambe
straatlantaarn

arabe
straat

fiarakaretsaka
taxi

kioska
kiosk

CINEMA

mpandeha an-tongo
voetganger

sisinabo
trottoir

lalana ho an'ny mpandeha an-tongotra
zebrapad

dabam-pako
vuilnisbak

sampanana
kruispunt

jiro amin'ny fifamoivoizana
verkeerslichten

trano bongo
....
hut

tranobe
....
woning

fiantsonan'ny fiaran-
dalamby
....
station

firaisana
....
stadshuis

donia
....
museum

sekoly
....
school

oniversite

universiteit

banky

bank

hopitaly

ziekenhuis

hôtely

hotel

farmasia

apotheek

birao

kantoor

fivarotam-boky

boekwinkel

fivarotana

winkel

mpivarotra voninkazo

bloemenwinkel

supermarché

supermarkt

tsena

markt

tranobe fivarotana

warenhuis

mpivarotra trondro

vishandelaar

toeram-pivarotana lehibe

winkelcentrum

seranana

haven

valan-javaboary

park

latabatra

bank

tetezana

brug

totohatra

trap

metrô

metro

tonelina

tunnel

fiantsonan'ny fiara
mpitondra olona

bushalte

bara

bar

toeram-pisakafoanana

restaurant

boatin-taratasy paositra

brievenbus

famantarana an-arabe

straatnaambord

parcmètre

parkeermeter

valan-javaboary

zoo

dobo filomanosana

zwembad

moskea

moskee

toeram-pambolena

boerderij

loto

milieuverontreiniging

fasana

kerkhof

trano fiangonana

kerk

tokontany filalaovana

speelplaats

tempoly

tempel

endritany
landschap

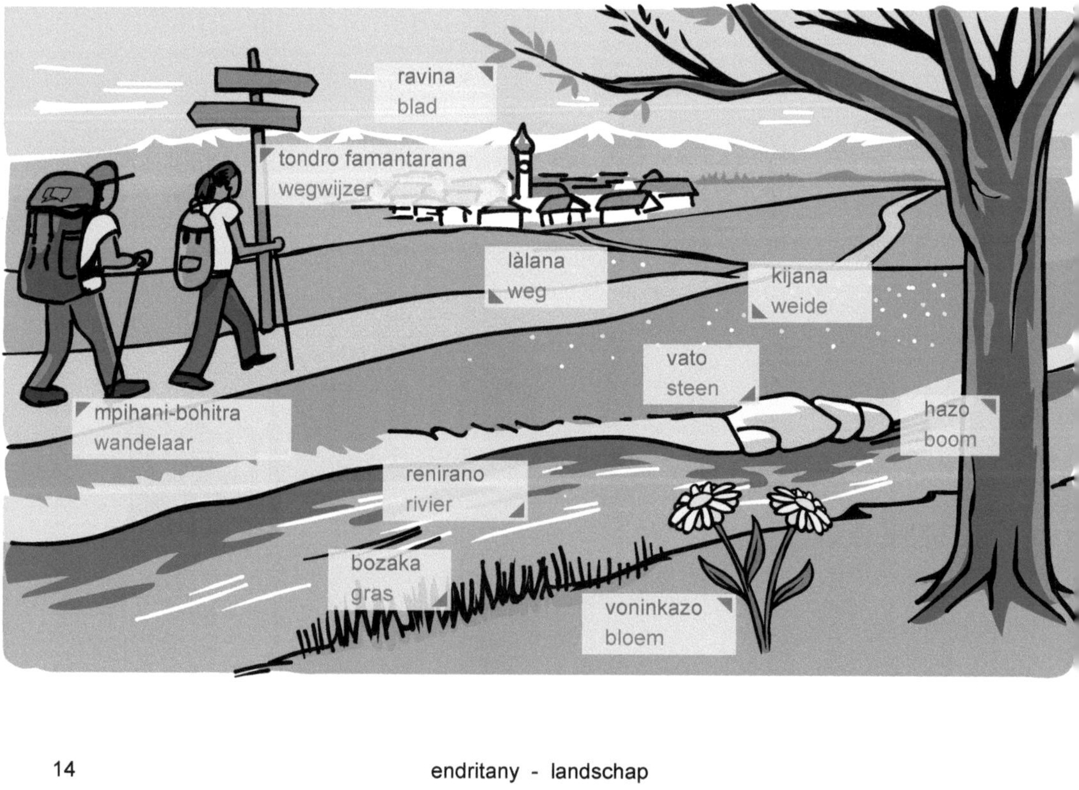

ravina
blad

tondro famantarana
wegwijzer

làlana
weg

kijana
weide

vato
steen

mpihani-bohitra
wandelaar

hazo
boom

renirano
rivier

bozaka
gras

voninkazo
bloem

lemaka

vallei

vohitra

heuvel

laka

meer

ala

bos

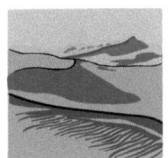

tany hay

woestijn

volkano

vulkaan

rova

kasteel

avana

regenboog

holatra

paddenstoel

hazom-boanio

palmboom

moka

mug

lalitra

vlieg

vitsika

mier

tantely

bijl

hala

spin

voangory

kever

sahona

kikker

vontsira

eekhoorn

trandraka

egel

bitro

haas

vorondolo

uil

vorona

vogel

gisabe

zwaan

lambo

wild zwijn

cerf

hert

voalavo

eland

toha-drano

dam

helisy ahodin-drivotra

windturbine

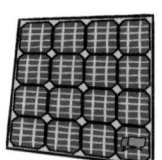

takela-masoandro

zonnepaneel

toetr'andro

klimaat

toeram-pisakafoanana
restaurant

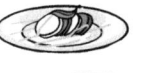

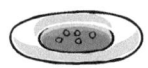

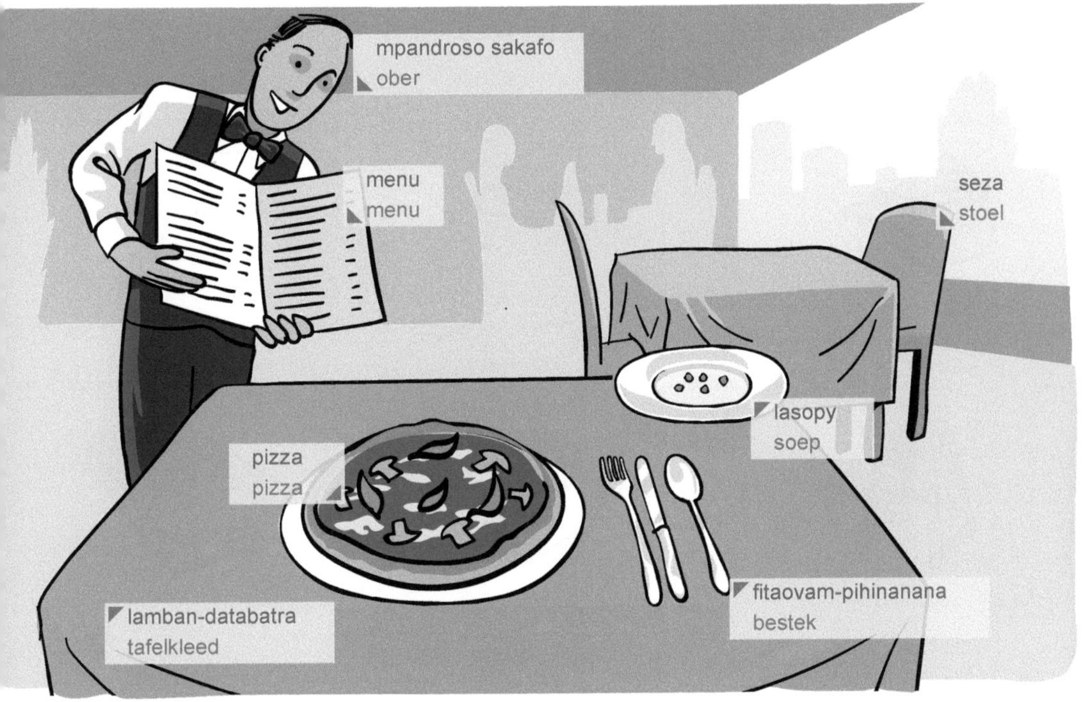

mpandroso sakafo
ober
menu
menu
seza
stoel
lasopy
soep
pizza
pizza
fitaovam-pihinanana
bestek
lamban-databatra
tafelkleed

entrée

voorgerecht

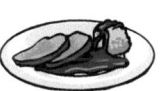

sakafo fototra

hoofdgerecht

desera

nagerecht

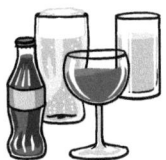

zava-pisotro

drankjes

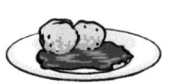

sakafo

eten

tavoahangy

fles

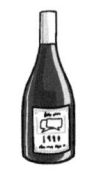

fast food
fastfood

sakafo an-dalambe
street food

fitoerana dite
theepot

fitoeran-tsiramamy
suikerpot

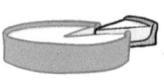

singany
portie

milina espresso
espressomachine

seza avo
kinderstoel

faktiora
rekening

lovia fandrosoana sakafo
dienblad

antsy
mes

sotrorovitra
vork

sotro
lepel

sotrokely
theelepel

servieta
serviette

vera
glas

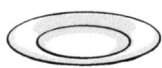

vilia

bord

vilian-dasopy

soepbord

vilia bory

schoteltje

saosy

saus

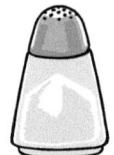

fitoeran-tsira

zoutvatje

milina dipoavatra

pepermolen

vinaingitra

azijn

solika

olie

zava-manitra

kruiden

ketchup

ketchup

voan-tsinapy

mosterd

maionezy

mayonaise

supermarché
supermarkt

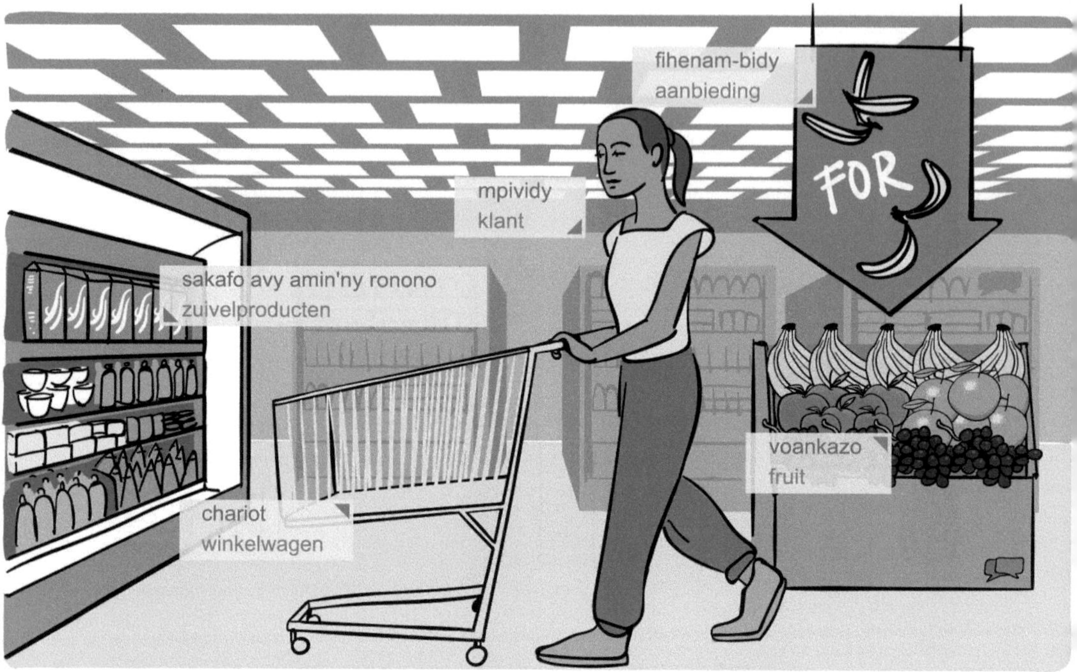

fihenam-bidy
aanbieding
FOR
mpividy
klant
sakafo avy amin'ny ronono
zuivelproducten
voankazo
fruit
chariot
winkelwagen

BUTCHERS

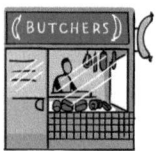

mpivaro-kena

slagerij

BAKERY

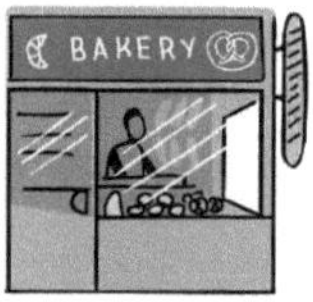

mpivarotra mofo

bakkerij

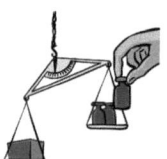

mandanja

wegen

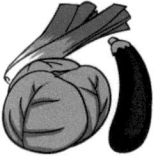

legioma

groenten

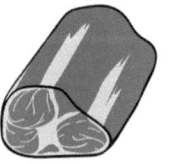

hena

vlees

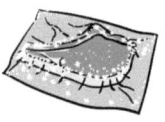

sakafo nampangatsiahana

diepvriesvoedsel

hena voahendy

charcuterie

sakafo am-by fotsy

conserven

vovon-tsavony

waspoeder

vatomamy

snoep

fitaovana an-tokatrano

huishoudproducten

fitaovana fanadiovana

schoonmaakproducten

mpivarotra

verkoopster

toerana fandoavam-bola

kassa

mpandray vola

kassier

lisitry ny zavatra vidiana

boodschappenlijstje

ora fiasana

openingstijden

portefeuille

portefeuille

fahana amin'ny karatra

kredietkaart

harona

tas

harona plastika

plastieken zakje

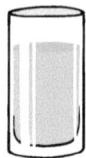

rano

water

ranom-boankazo

sap

ronono

melk

coca

cola

divay

wijn

labiera

bier

toaka

alcohol

sôkôlà mafana

cacao

dite

thee

kafe

koffie

espresso

espresso

cappuccino

cappuccino

akondro

banaan

paoma

appel

laoranjy

sinaasappel

voatango

meloen

voasarimakirana

citroen

karaoty

wortel

tongolo gasy

knoflook

volobe

bamboe

tongolo

ajuin

holatra

champignon

voamaina

noten

paty

noodles

spaghetti

spaghetti

vary

rijst

salady

salade

ovy frity

frieten

ovy voaendy

gebakken aardappelen

pizza

pizza

hamburger

hamburger

sandwich

sandwich

didin-kena

kalfslapje

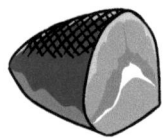

lambo sira

ham

salami

salami

saosisy

worst

akoho

kip

hena mendy

braden

trondro

vis

varin-tsoavaly

havervlokken

muesli

muesli

cornflakes

cornflakes

lafarinina

bloem

croissant

croissant

mofodipaina kely

pistolet

mofo

brood

mofo natono

toast

bisky

koekjes

dobera

boter

fromazy fotsy

kwark

mofomamy

taart

atody

ei

atody nendasina

spiegelei

fromazy

kaas

lagilasy

ijs

siramamy

suiker

tantely

honing

kaonfitira

confituur

crème nougat

choco

curry

curry

toeram-pambolena
boerderij

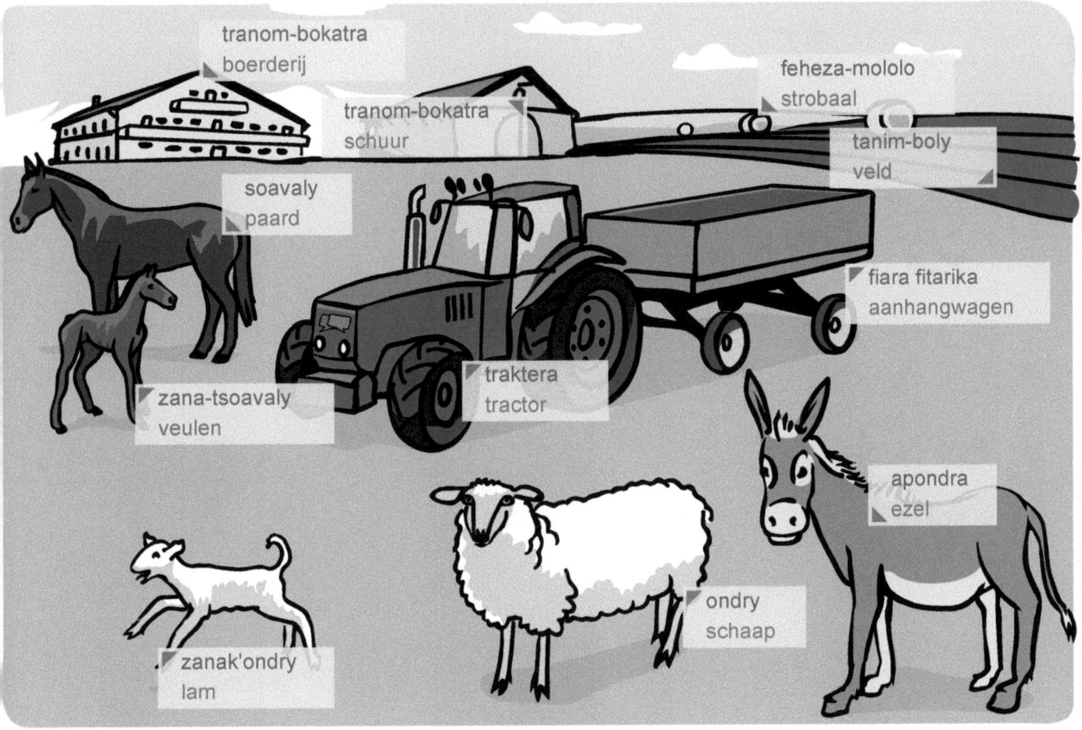
tranom-bokatra
boerderij
tranom-bokatra
schuur
feheza-mololo
strobaal
tanim-boly
veld
soavaly
paard
fiara fitarika
aanhangwagen
traktera
tractor
zana-tsoavaly
veulen
apondra
ezel
ondry
schaap
zanak'ondry
lam

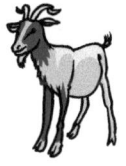

osy

geit

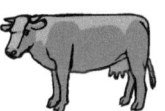

omby vavy

koe

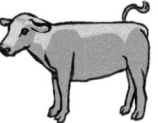

omby

kalf

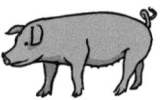

kisoa

varken

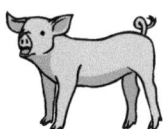

zana-kisoa

biggetje

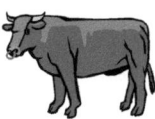

omby

stier

gisa

gans

gana

eend

zanak'akoho

kuiken

akoho vavy

kip

akoho lahy

haan

voalavo

rat

saka

kat

voalavo tondro

muis

omby

os

alika

hond

tranon'alika

hondenhok

fantsona fanondrahana rano

tuinslang

fanondrahana

gieter

antsy biloka

zeis

angadin'omby

ploeg

antsim-bilona

sikkel

antsetra

schoffel

farango vy

hooivork

famaky

bijl

borety

kruiwagen

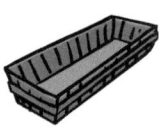

dababe

trog

boatin-dronono

melkkan

harona

zak

fefy

hek

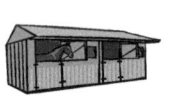

tranom-biby

stal

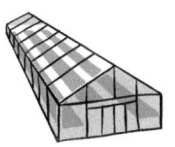

talatalan-jaridaina

broeikas

tany

bodem

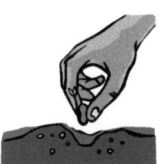

ambeoka

zaad

zezika

mest

milina mpijinja vokatra

maaidorser

vokatra

oogsten

vokatra

oogst

saonjo

yam

varimbazaha

tarwe

saozaha

soja

ovy

aardappel

katsaka

maïs

colza

koolzaad

hazo fihinam-boa

fruitboom

mangahazo

maniok

voamadinika

graan

trano
huis

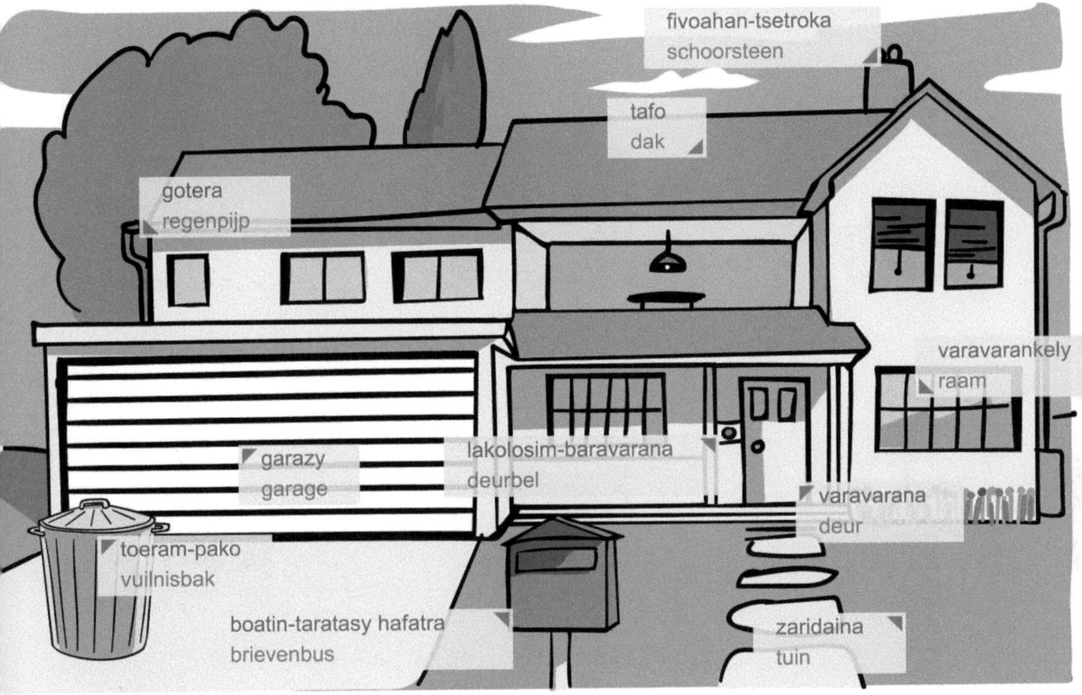
fivoahan-tsetroka
schoorsteen
tafo
dak
gotera
regenpijp
varavarankely
raam
lakolosim-baravarana
deurbel
garazy
garage
varavarana
deur
toeram-pako
vuilnisbak
boatin-taratasy hafatra
brievenbus
zaridaina
tuin

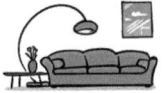

efitra fandraisam-bahiny

woonkamer

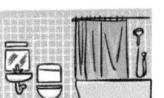

efitra fandroana

badkamer

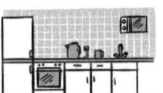

lakozia

keuken

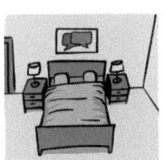

efitra fatoriana

slaapkamer

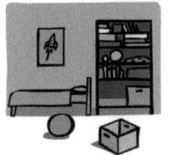

efitranon'ny ankizy

kinderkamer

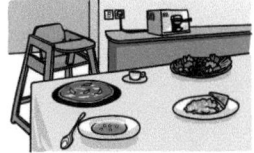

efi-trano fisakafoanana

eetkamer

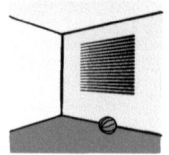

tany
vloer

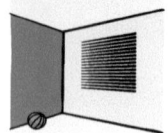

rindrina
muur

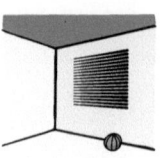

valindrihana
plafond

lakavy
kelder

sauna
sauna

tsimahalavo
balkon

lavarangana
terras

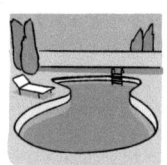

dobo filomanosana
zwembad

mpanapaka bozaka
grasmaaier

lambam-pandriana
dekbedovertrek

koety
dekbed

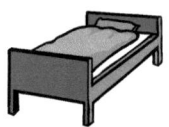

fandriana
bed

kifafa
bezem

sô
emmer

interrupteur
schakelaar

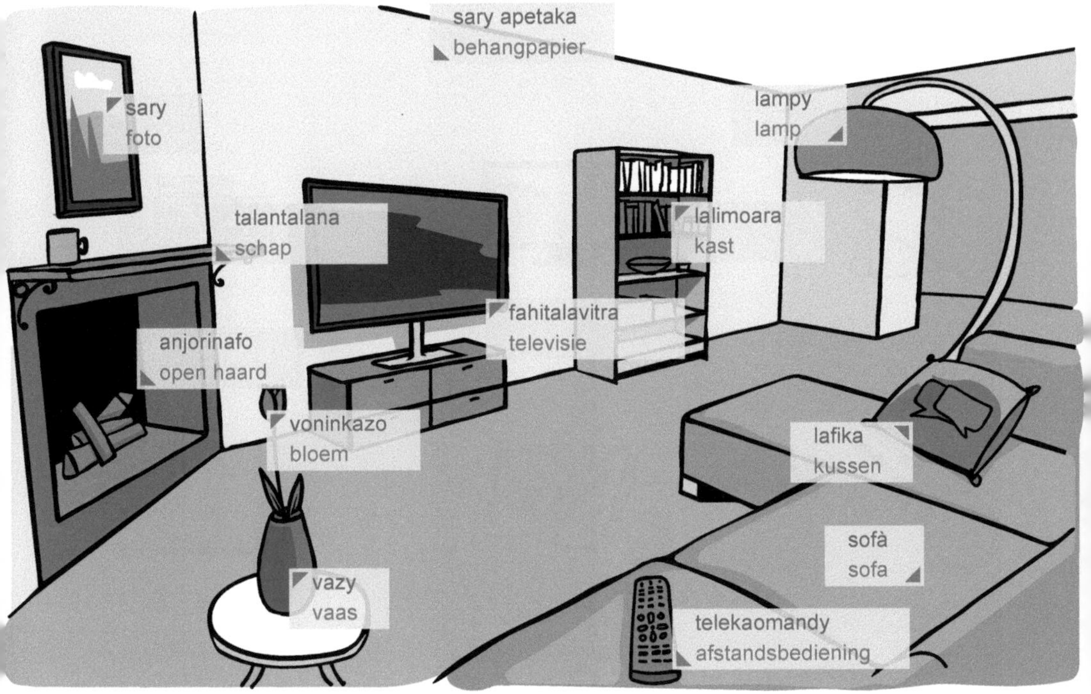

sary apetaka
behangpapier

lampy
lamp

sary
foto

talantalana
schap

lalimoara
kast

fahitalavitra
televisie

anjorinafo
open haard

voninkazo
bloem

lafika
kussen

sofà
sofa

vazy
vaas

telekaomandy
afstandsbediening

tapis
mat

takom-baravarana
gordijn

latabatra
tafel

seza
stoel

seza savily
schommelstoel

seza mihaja
fauteuil

boky

boek

lamba firakotra

deken

asa fandravahana

decoratie

hazo fandrehitra

brandhout

horonantsary

film

fitaovana hi-fi

stereo-installatie

fanalahidy

sleutel

gazety

krant

loko

schilderij

sary famantarana

poster

radio

radio

kahie fanao tadidy

notitieboekje

aspiratera

stofzuiger

raketa

cactus

labozia

kaars

lakozia
keuken

frizidera
koelkast
fatana micro-onde
microgolfoven
fandanjana sakafo
keukenweegschaal
milina fanendy mofo
broodrooster
fandiovana
afwasmiddel
lafaoro
oven
talatalana fampangatsiahana
vriesvak
toeram-pako
vuilnisbak
fanadiovana vilia
vaatwasmachine

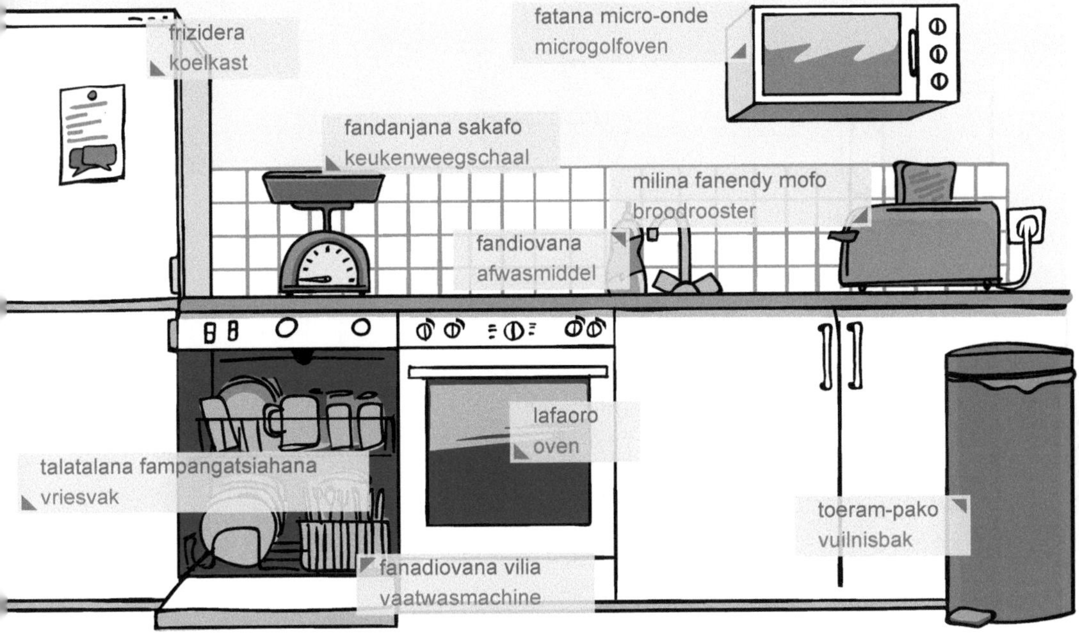

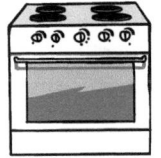

lafaoro

fornuis

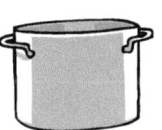

vilany

pot

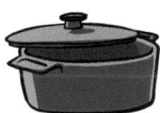

vilany vy

gietijzeren pot

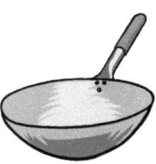

wok / kadai

wok / kadai

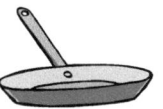

lapoaly

pan

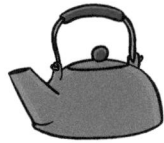

fitaovana fampangotrahana rano

waterkoker

vilany mandeha entona

stoomkoker

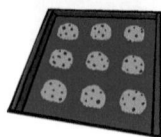

lovia fisaka

bakplaat

fitaovan-dakozia

servies

zinga

mok

vilia baolina

kom

hazokely fihinanana

eetstokjes

sotrobe lavatango

pollepel

spatule

spatel

fanakapohana atody

garde

fanatantavanana

vergiet

lovia sivana

zeef

fanakikisana

rasp

laona

mortier

kiendiendy

barbecue

fivoahan'ny setroka

haardvuur

akalana fitetehana

snijplank

kodia fandamàna koba

deegrol

fisontonana bosoa

kurkentrekker

boaty

blik

fanokafana boaty

blikopener

fitazomana vilany

pannenlap

lavabô

gootsteen

borosy

borstel

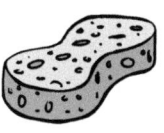

spaonjy

spons

miksera

blender

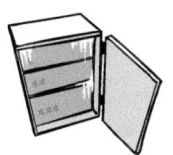

fitaovana fampangatsiahana

vriezer

tavoahanginono

papfles

paompy

kraan

efitra fandroana
badkamer

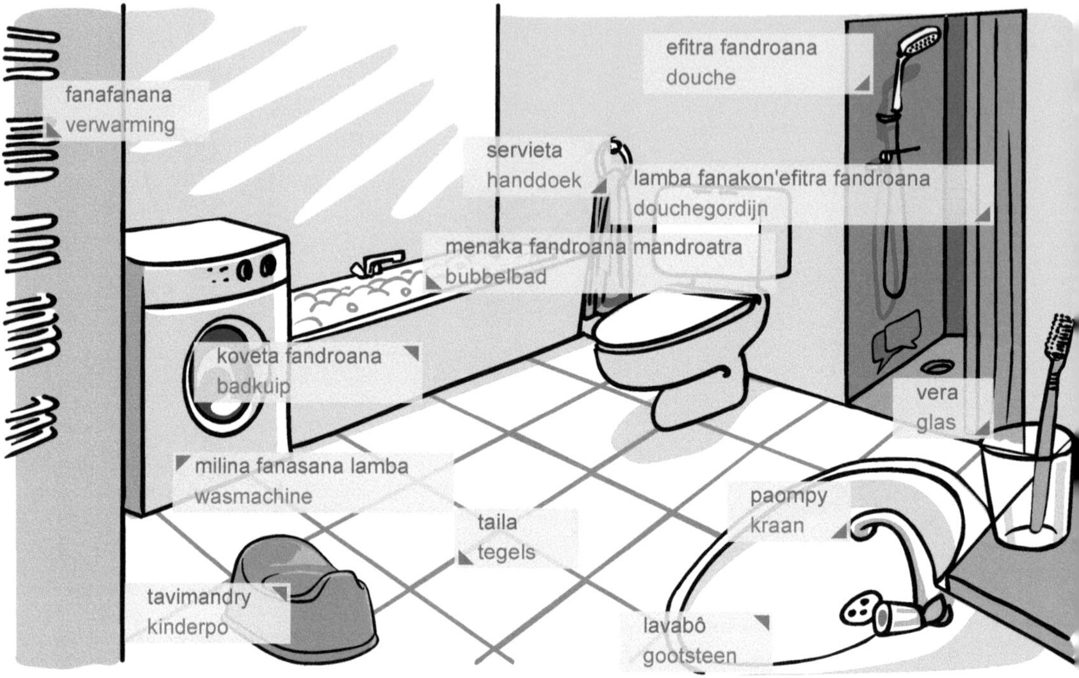

fanafanana
verwarming
efitra fandroana
douche
servieta
handdoek
lamba fanakon'efitra fandroana
douchegordijn
menaka fandroana mandroatra
bubbelbad
koveta fandroana
badkuip
vera
glas
milina fanasana lamba
wasmachine
paompy
kraan
taila
tegels
tavimandry
kinderpo
lavabô
gootsteen

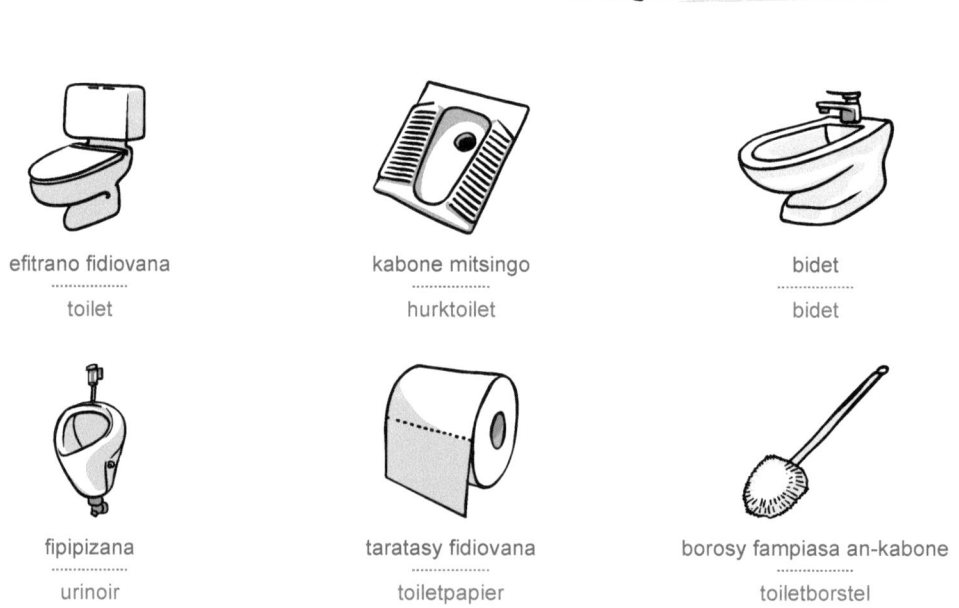

efitrano fidiovana
toilet

kabone mitsingo
hurktoilet

bidet
bidet

fipipizana
urinoir

taratasy fidiovana
toiletpapier

borosy fampiasa an-kabone
toiletborstel

borosinify

tandenborstel

famotsia-nify

tandpasta

kofehy fanadiova-nify

flosdraad

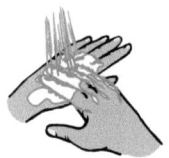

manasa

wassen

fisaika enti-tànana

handdouche

fanadiovana fivaviana

bidethanddouche

kovetabe

waskom

borosin-damosina

rugborstel

savony

zeep

gel fampiasa rehefa misaika

douchegel

shampoo

shampoo

fonon-tànana enti-misaika

washandje

tsiranoka

afvoer

crème fanosotra

crème

fanalana fofona

deodorant

fitaratra

spiegel

fitaratra fihaingo

handspiegel

hareza

scheermes

raotra fiharatra

scheerschuim

menaka haratra

aftershave

fiogo

kam

borosy

borstel

fitaovana fanamainam-bolo

haardroger

atsifotra amin'ny volo

haarlak

fikarakarana tarehy

make-up

lokomena

lippenstift

haingo hoho

nagellak

vohavohan-dandihazo

watten

fanapahana hoho

nagelknipper

ranomanitra

parfum

fitoerana fitaovana an-kabone
....
toilettas

sezabory
....
kruk

fandanjana olona
....
weegschaal

akanjo enti-matory
....
badjas

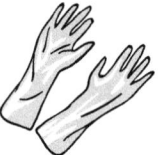

fonon-tànana enti-manadio
....
latex handschoenen

servieta fanary
....
tampon

lamba fampiasa amin'ny fadimbolana
....
maandverband

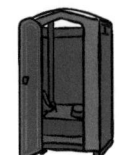

kabone simika
....
chemisch toilet

efitranon'ny ankizy
kinderkamer

famohamandry
wekker
saribakoly
knuffel
fiara kilalao
speelgoedauto
korintsana
rammelaar
tranon-tsaribakoly
poppenhuis
fanomezana
geschenk

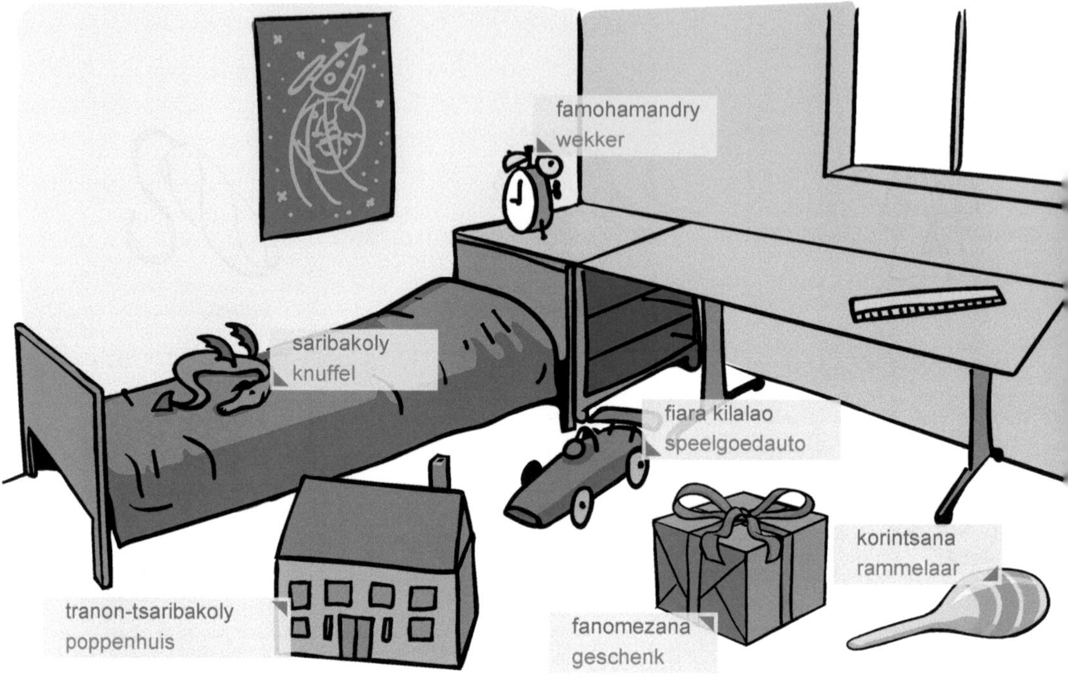

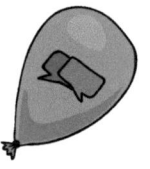

balaonina

ballon

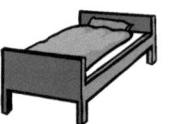

fandriana

bed

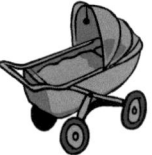

posety

kinderwagen

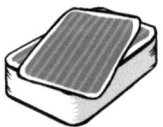

lalao karatra

spel kaarten

puzzle

puzzel

SUPER
MEGA

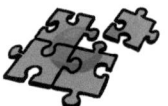

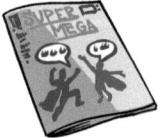

sariitatra

stripboek

lalao legô

legoblokjes

kilalao fananganana trano

blokken

sarivongana kely

actiefiguur

grenera

kruippakje

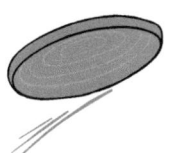

Frisbee

frisbee

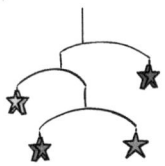

mobile

mobiel

jeu de société

bordspel

kodiakely

dobbelsteen

lamasinina kely

modelspoorweg

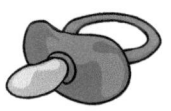

solonono

fopspeen

fety

feest

boky feno sary

prentenboek

baolina

bal

saribakoly

pop

milalao

spelen

kovetam-pasika

zandbak

savily

schommel

kilalao

speelgoed

kilalao video

spelconsole

tricycle

driewieler

teddy orsa

knuffelbeer

fitoeran'akanjo

kleerkast

akanjo
kleding

bà kiraro

sokken

bàn-tongotra

kousen

akanjo manara-batana

maillot

foloara
sjaal

fehin-kibo
riem

elo
paraplu

t-shirt
T-shirt

baoty
laarzen

kapa fitondra an-tran
slippers

kiraro tenisy
sneakers

kapa
....
sandalen

kiraro
....
schoenen

baoty fingotra
....
rubberlaarzen

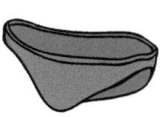

atinakanjo
....
onderbroek

tatinono
....
beha

akanjo feno
....
onderhemd

akanjo - kleding

vatana

lichaam

pataloha

broek

jean

jeans

zipo

rok

akanjo ambony

blouse

lobaka

hemd

pull

trui

akanjo sarotro

capuchontrui

palitao

blazer

palitao

jas

palitao

jas

akanjo aro-orana

regenjas

akanjo fianjaika

kostuum

fitafim-behivavy

jurk

akanjon'ny ampakarina

trouwjurk

akanjo fianjaika

pak

akanjo-mandry

nachthemd

pijamà

pyjama

sari

sari

sarondoha

hoofddoek

turban

tulband

burqa

boerka

kaftan

kaftan

abaya

abaya

akanjo fitondra milomano

badpak

akanjo fitondra milomano

zwembroek

pataloha fohy

short

akanjo fitena

trainingspak

tablie

schort

fonon-tànana

handschoenen

bokotra

knoop

solomaso

bril

brasele

armband

rojo

ketting

peratra

ring

kavina

oorbel

satroka

pet

fanantonana palitao

kapstok

satroka

hoed

fehivozo

das

hidikorisa

rits

aroloha

helm

beritelo

bretellen

fanamian'ny mpianatra

schooluniform

fanamiana

uniform

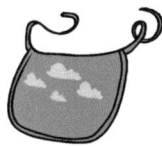

bavoara

slabbetje

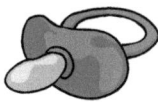

solonono

fopspeen

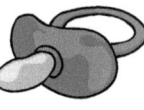

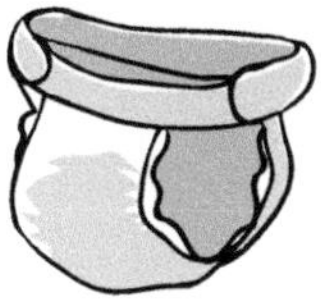

taty

luier

birao

kantoor

serveur
server
lalimoara fitahirizana
dossierkast
mpanao pirinty
printer
taratasy
papier
efijoro
monitor
latabatra
bureau
voalavo tondro
muis
klasera
map
klavie
toestenbord
fanariana fako taratasy
papiermand
solosaina
computer
seza
stoel

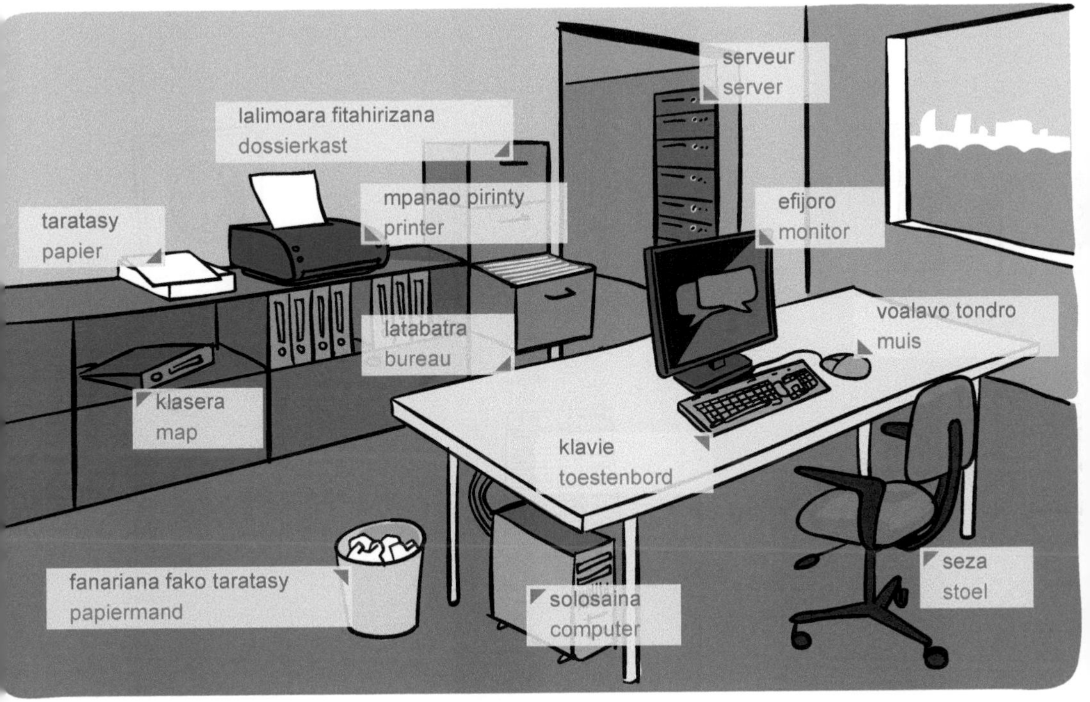

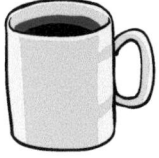

kaopin-kafe

koffiemok

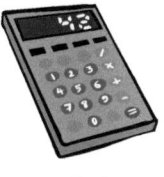

mpikajy

rekenmachine

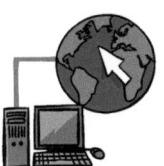

aterineto

internet

solosaina maivana

laptop

taratasy

brief

hafatra

bericht

mobile

gsm

tambajotra

netwerk

imprimante

kopieerapparaat

rindrambaiko

software

finday

telefoon

prizy

stopcontact

fax

fax

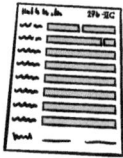

efitra fenoina

formulier

fehezan-taratasy

document

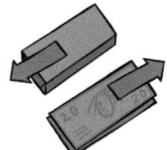

mividy

kopen

mandoa vola

betalen

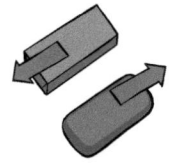

misera

handelen

vola

geld

dôlara

dollar

euro

euro

yen

yen

rouble

roebel

Franc suisse

Zwitserse frank

renminbi yuan

Chinese renminbi

roupie

roepie

fangalàna vola

geldautomaat

toerana fanakalozana vola

wisselkantoor

volamena

goud

volafotsy

zilver

solika

olie

angovo

energie

vidiny

prijs

fifanekena

contract

hetra

belasting

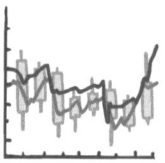

action borsa

aandeel

miasa

werken

mpiasa

werknemer

mpampiasa

werkgever

orinasa

fabriek

fivarotana

winkel

asa
beroepen

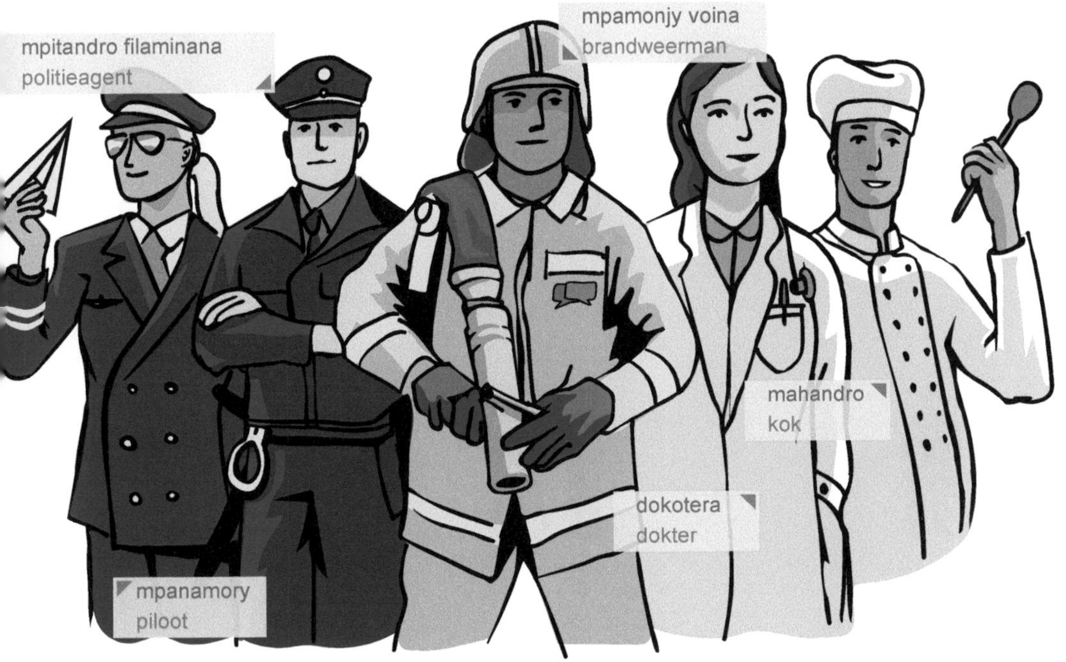
mpitandro filaminana
politieagent
mpamonjy voina
brandweerman
mahandro
kok
dokotera
dokter
mpanamory
piloot

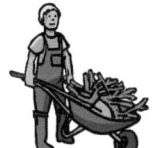

mpikarakara zaridaina

tuinman

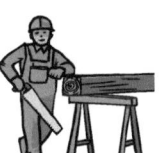

mpandrafitra

timmerman

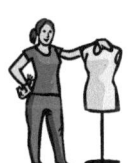

vehivavy mpanjaitra

naaister

mpitsara

rechter

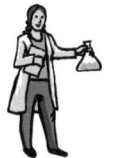

mpahay simia

chemicus

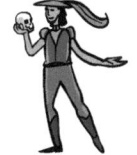

mpilalao sarimihetsika

acteur

mpamily fiara fitateram-
bahoaka

buschauffeur

mpamily fiarakaretsaka

taxichauffeur

mpanjono

visser

vehivavy mpanadio

schoonmaakster

mpanao tafo

dakdekker

mpandroso sakafo

ober

mpihaza

jager

mpandoko

schilder

mpanao mofo

bakker

elektrisianina

elektricien

mpanao trano

bouwvakker

injeniera

ingenieur

mivaro-kena

slager

plombier

loodgieter

faktera

postbode

miaramila

soldaat

mpanao mari-trano

architect

mpandray vola

kassier

mpivarotra voninkazo

bloemist

mpanao volo

kapper

mpizara tapakila

conducteur

mpahay mekanika

mecanicien

kapiteny

kapitein

mpitsabo nify

tandarts

siantifika

wetenschapper

raby

rabbijn

imam

imam

moanina

monnik

pretra

geestelijke

fitaovana
werktuigen

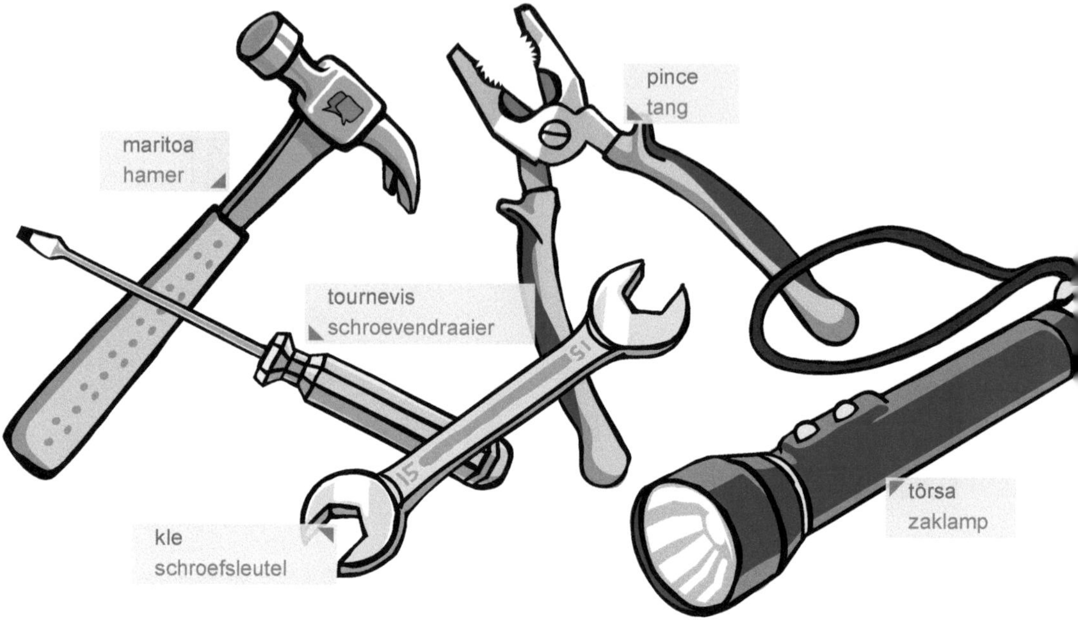

maritoa
hamer
pince
tang
tournevis
schroevendraaier
kle
schroefsleutel
tôrsa
zaklamp

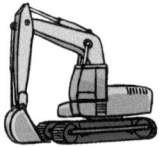

pelleteuse

graafmachine

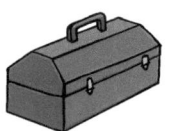

boaty fanisy fitaovana

gereedschapskoffer

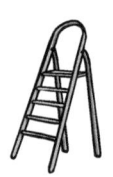

tohatra

ladder

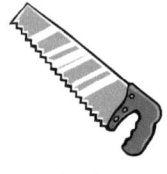

tsofa

zaag

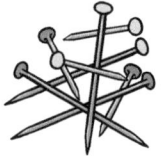

fantsika

spijkers

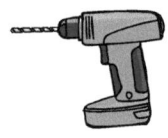

perceuse

boormachine

manarina
repareren

lapela
schop

Kyy!
Verdomme!

angadim-pako
blik

boatin-doko
verfpot

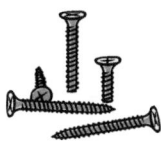

visy
schroeven

zava-maneno

muziekinstrumenten

vata maro anaka
drumstel

haut-parleur
luidspreker

gitara
gitaar

contrebasse
contrabas

trompetra
trompet

vata maro afitsoka

piano

lokanga

viool

basse

basgitaar

amponga timpani

pauk

aponga

trommels

klavie

keyboard

saksa

saxofoon

sodina

fluit

mikrao

microfoon

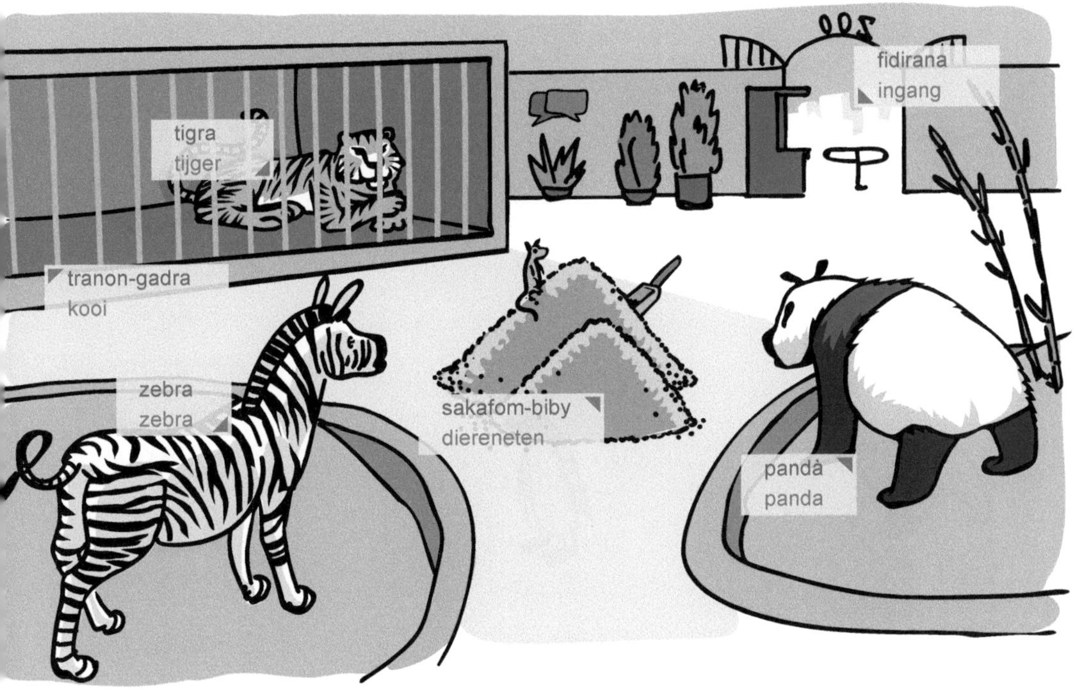

fidirana
ingang

tigra
tijger

tranon-gadra
kooi

zebra
zebra

sakafom-biby
diereneten

pandà
panda

biby
dieren

elefanta
olifant

kangoroa
kangoeroe

biby
dieren

elefanta
olifant

kangoroa
kangoeroe

rinôserôsy
neushoorn

gôrila
gorilla

orsa
beer

rameva
kameel

aotrisy
struisvogel

liona
leeuw

rajako
aap

sama
flamingo

boloky
papegaai

orsa polera
ijsbeer

pengoa
pinguïn

atsantsa
haai

vorombola
pauw

bibilava
slang

voay
krokodil

mpiandry valan-javaboary
dierenverzorger

fôko
zeehond

jagoara
jaguar

poney

pony

leopara

luipaard

hipôpôtamo

nijlpaard

zirafa

giraffe

voromahery

adelaar

lambo

wild zwijn

trondro

vis

sokatra

zeeschildpad

môrsa

walrus

renard

vos

gazely

gazelle

Football amerikana
rugby

hazakazaka am-bisikileta
wielrennen

tennis
tennis

baskety
basketbal

lomano
zwemmen

boxe
boksen

hockey an-dranomandry
ijshockey

baolina kitra
voetbal

badminton
badminton

atletisma
atletiek

handball
handbal

ski
skiën

polo
polo

mihomehy
lachen

mitsambikina
springen

mamihina
knuffelen

mandeha
wandelen

mihira
zingen

manonofy
dromen

mivavaka
bidden

manoroka
kussen

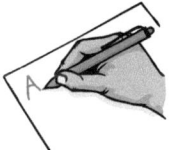

manoratra

schrijven

manao sary

tekenen

maneho

tonen

manosika

duwen

manome

geven

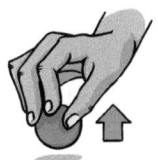

mandray

nemen

manana

hebben

manao

doen

mizovy

zijn

mijoro

staan

mihazakazaka

lopen

misintona

trekken

manary

gooien

lavo

vallen

mandry

liggen

miandry

wachten

mitondra

dragen

mipetraka

zitten

miakanjo

aankleden

matory

slapen

mifoha

ontwaken

mijery

kijken naar

mitomany

wenen

fahatapahan'ny lalan-dra

aaien

fiogo

kammen

miresaka

praten

mahay

begrijpen

milaza

vragen

mihaino

luisteren

misotro

drinken

mihinana

eten

mandamina

opruimen

mitia

houden van

mahandro

koken

mamily

rijden

lalitra

vliegen

miandriaka

zeilen

mikajy

rekenen

mamaky

Lezen

mianatra

leren

miasa

werken

mivady

trouwen

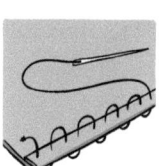

manjaitra

naaien

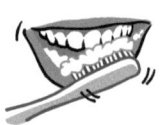

miborosy nify

tandenpoetsen

mamono

doden

mifoka

roken

mandefa

sturen

renibe
grootmoeder

dadabe
grootvader

ray
vader

reny
moeder

zaza
baby

zanaka vavy
dochter

zanaka lahy
zoon

vahiny

gast

nenitoa

tante

dadatoa

oom

rahalahy

broer

rahavavy

zus

vatana

lichaam

handrina
voorhoofd
maso
oog
soroka
schouder
rantsan-tànana
vinger
tarehy
gezicht
saoka
kin
tànana
hand
ranjo
been
nono
borst
sandry
arm

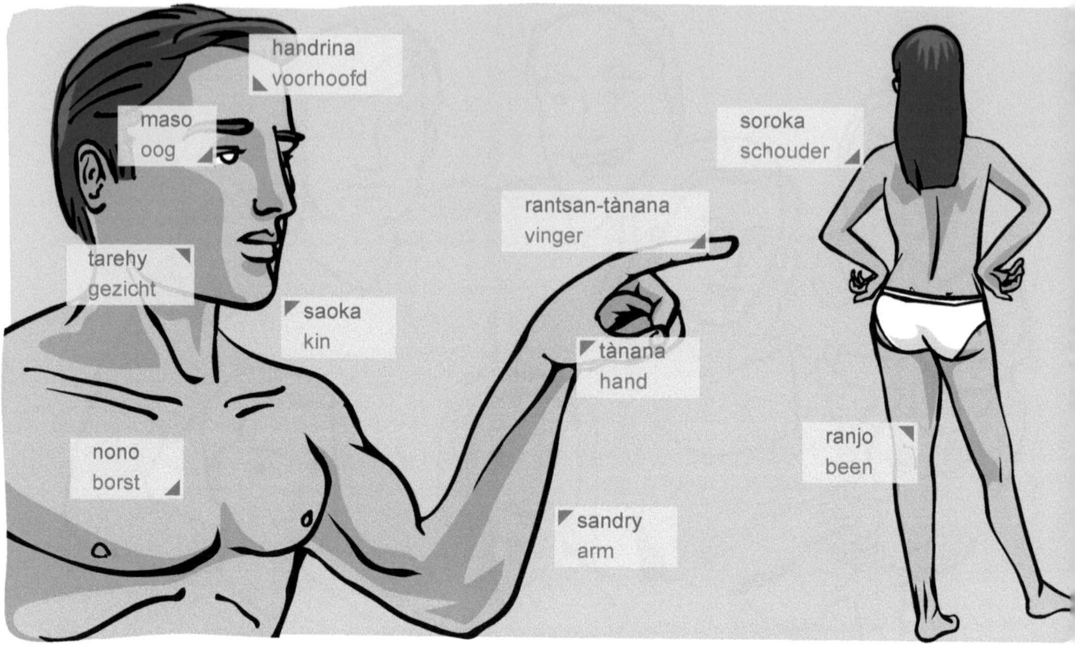

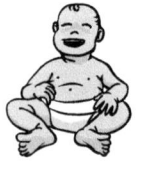

zaza
baby

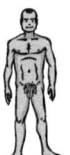

lehilahy
man

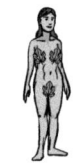

vehivavy
vrouw

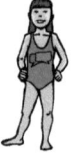

vavy
meisje

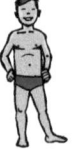

lahy
jongen

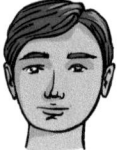

loha
hoofd

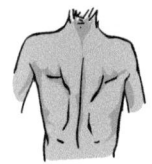

lamosina

rug

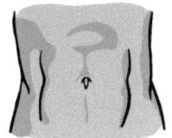

kibo

buik

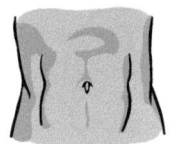

foitra

navel

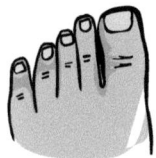

rantsan-tongotra

teen

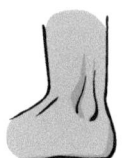

voditongotra

hiel

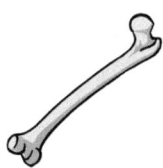

taolana

bot

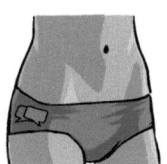

valahana

heup

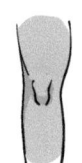

lohalika

knie

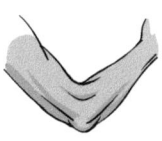

kiho

elleboog

orona

neus

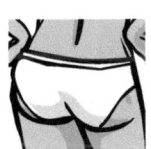

vody

zitvlak

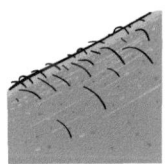

hoditra

huid

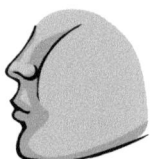

takolaka

wang

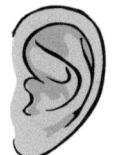

sofina

oor

molotra

lip

vava

mond

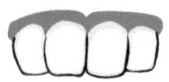

nify

tand

lela

tong

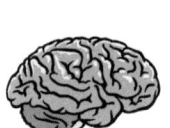

saina

hersenen

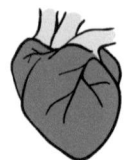

fo

hart

ozatra

spier

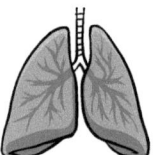

havokavoka

long

aty

lever

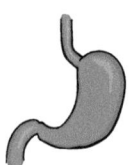

vavony

maag

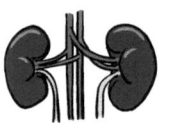

voa

nieren

firaisana ara-nofo

seks

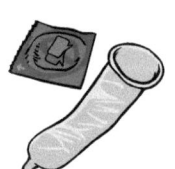

fimailo

condoom

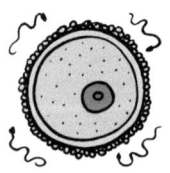

tsirivavy

eicel

ranonaina

sperma

vohoka

zwangerschap

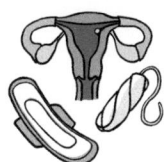

fadimbolana

menstruatie

fivaviana

vagina

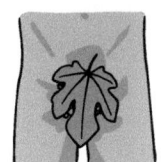

filahiana

penis

volomaso

wenkbrauw

volo

haar

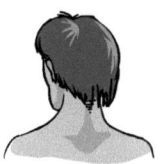

tenda

nek

hopitaly
ziekenhuis

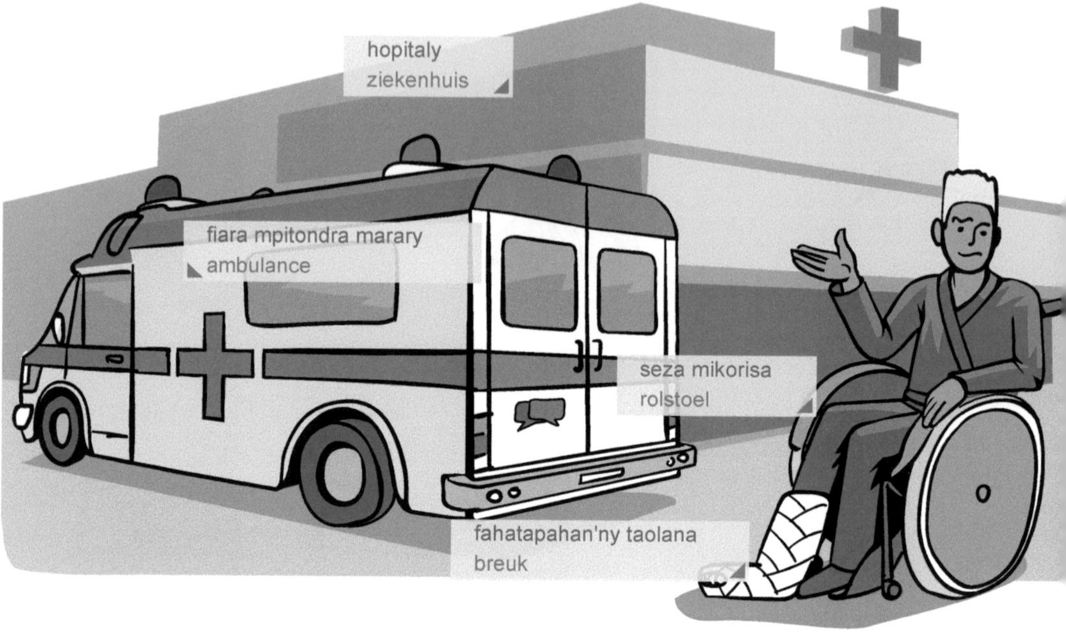

hopitaly
ziekenhuis
fiara mpitondra marary
ambulance
seza mikorisa
rolstoel
fahatapahan'ny taolana
breuk

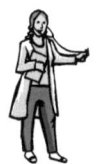

dokotera

dokter

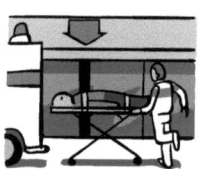

efitra vonjy taitra

spoed

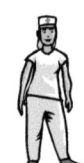

mpitsabo mpanampy

verpleegkundige

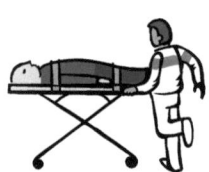

vonjy taitra

noodgeval

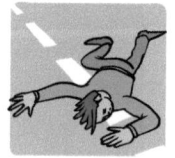

tsy mahatsiaro tena

bewusteloos

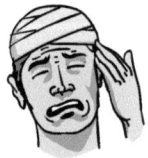

fanaintainana

pijn

faharatràna

verwonding

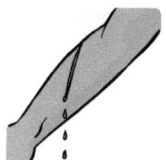

mandeha rà

bloeding

aretim-po

hartaanval

fahatapahan'ny lalan-dra

beroerte

tsy fahazakana sakafo

allergie

kohaka

hoest

tazo

koorts

gripa

griep

fivalanana

diarree

aretin'an-doha

hoofdpijn

homamiadana

kanker

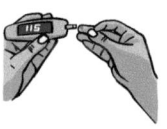

diabeta

diabetes

dokotera mpandidy

chirurg

antsy fandidiana

scalpel

fandidiana

operatie

hopitaly - ziekenhuis

TC
CT

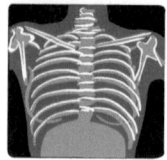

taratra X
röntgenstraal

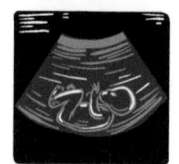

ekôgrafia
ultrageluid

saron-tava
gezichtsmasker

aretina
ziekte

efitrano fiandrasana
wachtkamer

tehina
kruk

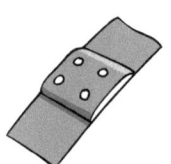

taha fery
pleister

bandy
verband

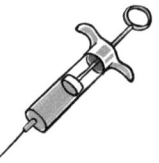

tsindrona
injectie

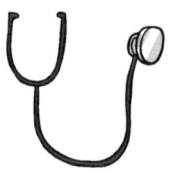

stetoskopy
stethoscoop

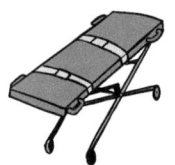

filanjana marary
brancard

fitaovana fitsapana
hafanana
thermometer

fahaterahana
geboorte

hatavezana tafahoatra
overgewicht

fitaovana fandrenesana

hoorapparaat

famonoana mikraoba

ontsmettingsmiddel

fifindràna aretina

infectie

viriosy

virus

VIH / SIDA

HIV / AIDS

fitsaboana

medicijn

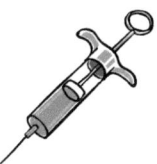

vaksiny

vaccinatie

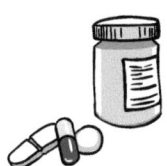

pilina

tabletten

pilina

pil

antso vonjy taitra

noodoproep

fitaovana fitsapana tosi-drà

bloeddrukmeter

marary / salama

ziek / gezond

Vonjeo!

Help!

antso fanairana

alarm

herisetra

overval

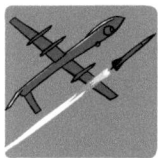

vono

aanval

loza

gevaar

fivoahana raha misy loza

nooduitgang

Afo!

Brand!

fitaovam-pamonoana afo

brandblusser

loza

ongeval

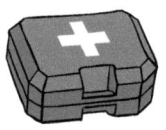

fitaovam-pitsaboana
vonjimaika

EHBO-kit

SOS

SOS

pôlisy

politie

Eoropa

Europa

Amerika avaratra

Noord-Amerika

Amerika atsimo

Zuid-Amerika

Afrika

Afrika

Azia

Azië

Aostralia

Australië

Atlantika

Atlantische Oceaan

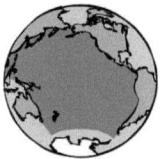

Pasifika

Stille Oceaan

Ranomasimbe Indiana

Indische Oceaan

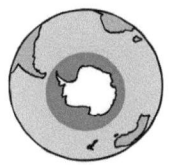

Oseana Antarktika

Antarctische Oceaan

Oseana Arktika

Arctische Oceaan

Tendrotany avaratra

Noordpool

Tendrotany atsimo

Zuidpool

Antarktika

Antarctica

tany

aarde

tany

land

ranomasina

zee

nosy

eiland

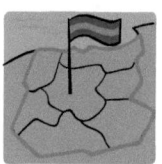

tanindrazana

natie

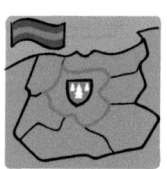

firenena

staat

tavam-pamantaranandro

wijzerplaat

tondro ora

uurwijzer

tondro minitra

minuutwijzer

tondro segondra

secondewijzer

Amin'ny firy izao?

Hoe laat is het?

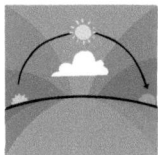

andro

dag

fotoana

tijd

izao

nu

famantaranandro niomerika

digitale horloge

minitra

minuut

ora

uur

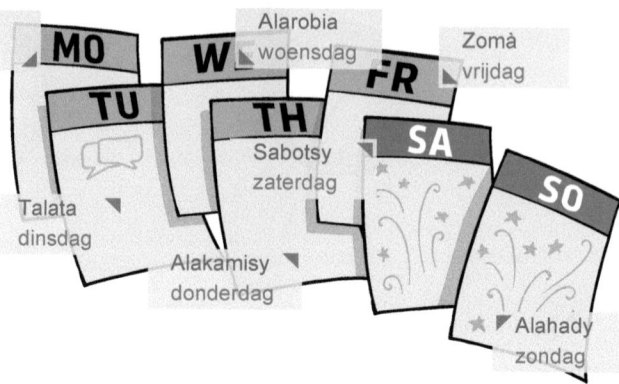

Alatsinainy maandag — MO

Alarobia woensdag — W

Zomà vrijdag — FR

Talata dinsdag — TU

Alakamisy donderdag — TH

Sabotsy zaterdag — SA

Alahady zondag — SO

omaly

gisteren

androany

vandaag

ampitso

morgen

maraina

ochtend

atoandro

middag

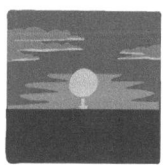

hariva

avond

adro fiasàna

werkdagen

faran'ny herinandro

weekend

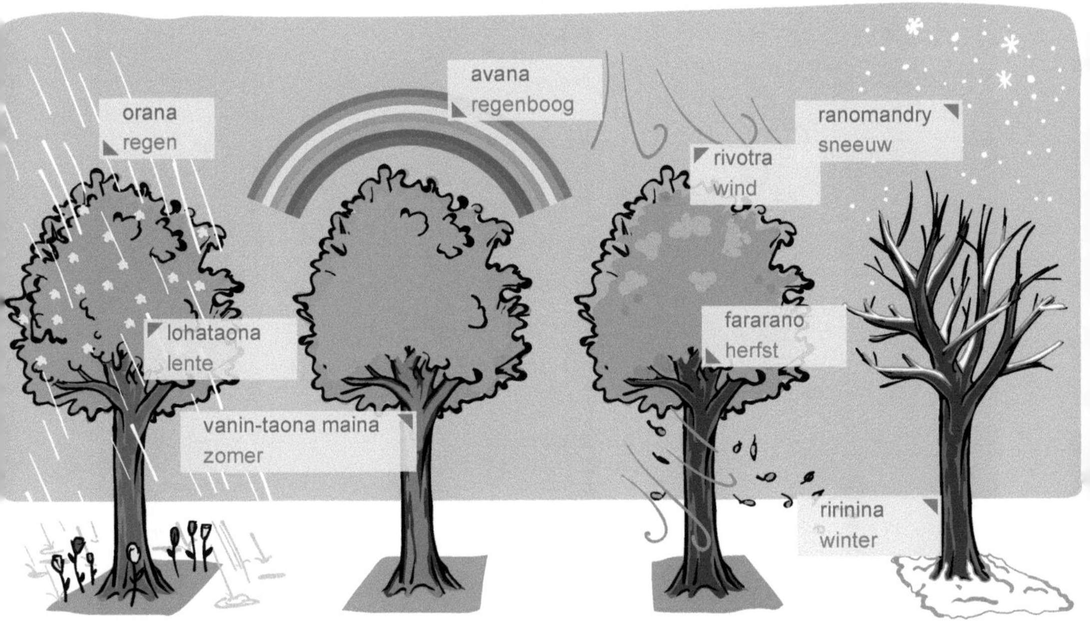

orana
regen
avana
regenboog
ranomandry
sneeuw
rivotra
wind
lohataona
lente
fararano
herfst
vanin-taona maina
zomer
ririnina
winter

4.APRIL 11°
5.APRIL 4°
6.APRIL 13°
7.APRIL 8°
8.APRIL 10°

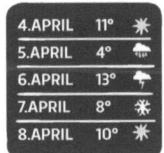

vinavina ara-toetrandro

weervoorspelling

F
C
120
90
60
30
0
-30
40
30
20
10
0
-10
-20

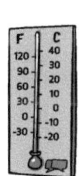

thermomètre

thermometer

tara-masoandro

zonneschijn

rahona

wolk

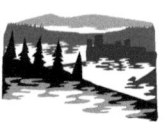

zavona

mist

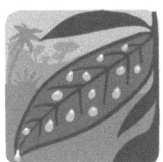

hamandoana

vochtigheid

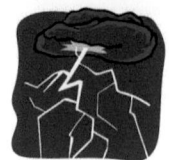

tselatra

bliksem

kotroka

donder

tafio-drivotra

storm

havandra

hagel

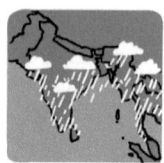

fahavaratra

moesson

tondra-drano

overstroming

vaingan-drano

ijs

Janoary

januari

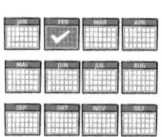

Febroary

februari

Martsa

maart

Avrila

april

Mey

mei

Jiona

juni

Jolay

juli

Aogositra

augustus

Septambra
....
september

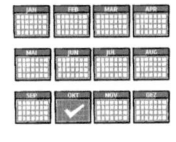

Oktobra
....
oktober

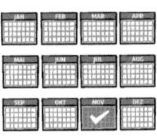

Novambra
....
november

Desambra
....
december

boribory
....
cirkel

efamira
....
kwadraat

efajoro
....
rechthoek

telozoro
....
driehoek

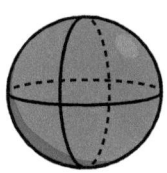

bola
....
bol

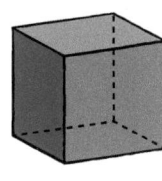

goba
....
kubus

fotsy

wit

mavo

geel

laoranjy

oranje

mavokely

roze

mena

rood

voloparasy

paars

manga

blauw

maitso

groen

volotany

bruin

volondavenona

grijs

mainty

zwart

betsaka / vitsy

veel / weinig

tezitra / tony

boos / kalm

tsara / ratsy

mooi / lelijk

fiandohana / fiafarana

begin / einde

lehibe / kely

groot / klein

mazava / maloka

licht / donker

rahalahy / rahavavy

broer / zus

madio / maloto

proper / vuil

feno / banga

volledig / onvolledig

andro / alina

dag / nacht

maty / velona

dood / levend

malalaka / tery

breed / smal

azo hanina / tsy fihinana

eetbaar / oneetbaar

tsivalahara / tsara fanahy

kwaadaardig / vriendelijk

endratra / sorena

opgewonden / verveeld

matavy / mahia

dik / dun

voalohany / farany

eerst / laatst

mpinamana / mpifahavalo

vriend / vijand

feno / foana

vol / leeg

mafy / malefaka

hard / zacht

mavesatra / maivana

zwaar / licht

noana / mangetaheta

honger / dorst

marary / salama

ziek / gezond

tsy ara-dalàna / ara-dalàna

illegaal / legaal

mahay / vendrana

intelligent / dom

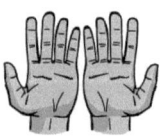

havia / havanana

links / rechts

akaiky / lavitra

dichtbij / veraf

vaovao / tranainy

nieuw / gebruikt

tsy misy / misy

niets / iets

antitra / tanora

oud / jong

mandeha / maty

aan / uit

mivoha / mihidy

open / dicht

mangina / mitabataba

stil / luid

manankarena / mahantra

rijk / arm

marina / diso

juist / fout

marokoroko / malama

ruw / glad

malahelo / faly

droevig / blij

fohy / lava

kort / lang

mora / faingana

traag / snel

mando / maina

nat / droog

mafana / mangatsiaka

warm / koud

ady / fahalemana

oorlog / vrede

teny mifanohitra - tegengestelden

0

aotra

nul

1

iray

één

2

roa

twee

3

telo

drie

4

efatra

vier

5

dimy

vijf

6

enina

zes

7

fito

zeven

8

valo

acht

9

sivy

negen

10

folo

tien

11

iraikambinifolo

elf

12

roambinifolo
twaalf

13

teloambinifolo
dertien

14

efatrambinifolo
veertien

15

dimiambinifolo
vijftien

16

eninambinifolo
zestien

17

fitoambinifolo
zeventien

18

valoambinifolo
achtien

19

siviambinifolo
negentien

20

roapolo
twintig

100

zato
honderd

1.000

arivo
duizend

1.000.000

tapitrisa
miljoen

Anglisy

Engels

Anglisy amerikana

Amerikaans Engels

Fiteny sinoa mandarina

Chinees (Mandarijn)

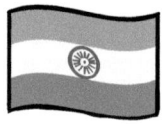

Hindi

Hindi

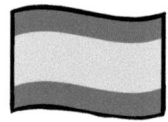

Espaniola

Spaans

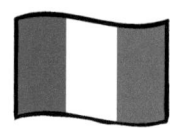

Frantsay

Frans

Fiteny arabo

Arabisch

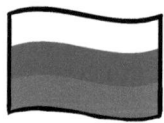

Fiteny rosiana

Russisch

Portogey

Portugees

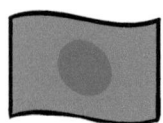

Bengaly

Bengali

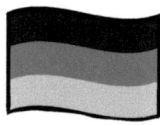

Alemà

Duits

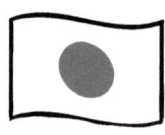

Japoney

Japans

izaho

ik

ianao

u

izy / io

hij / zij / het

isika

wij

ianao

u

zareo

ze

iza?

wie?

inona?

wat?

ahoana?

hoe?

aiza?

waar?

oviana?

wanneer?

anarana

naam

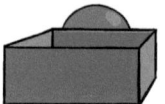

aorina

achter

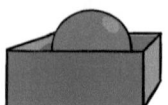

anaty

in

anoloana

voor

any

boven

ambony

op

ambany

onder

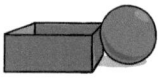

ankila

naast

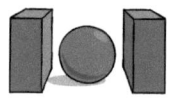

afovoany

tussen

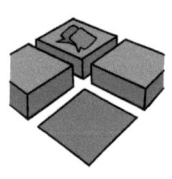

toerana

plaats